Cuando No Estabas Conmigo

Chandra Ghosh Ippen
illustrado por **Erich Ippen Jr.**

Traducido y adaptado al español por
Gloria Castro y Chandra Ghosh Ippen

Piplo productions
San Francisco, CA
Piploproductions.com

Derechos de Autor 2019 ©Chandra Ghosh Ippen and Erich Ippen, Jr.

Todos los derechos reservados. Ninguna parte de este libro puede ser reproducida o transmitida de ninguna forma ni por ningún medio, electrónico o mecánico, incluyendo fotocopiado, grabación o por cualquier sistema de almacenamiento y recuperación de información sin el permiso previo por escrito del editor. Las excepciones incluyen citas breves que sean parte de reseñas críticas o de artículos.

Para consultas sobre uso especial o compras al por mayor, póngase en contacto con Piplo Productions (piplo@piploproductions.com).

El editor, autor e ilustrador no son responsables del uso de estos materiales. Por favor revise y determine si son apropiados para sus necesidades específicas. Este libro no debe ser utilizado para reemplazar el tratamiento de un profesional de salud mental. El lector debe consultar con un profesional de salud mental sobre cualquier síntoma que pudiera necesitar diagnóstico o atención profesional.

Primera edición publicada en 2019
ISBN: 978-1-950168-03-3 (edición en rústica)
ISBN: 978-1-950168-04-0 (edición de tapa dura)

Resumen: Conejito Chiquitito y Conejo Grande se reúnen después de una separación difícil pero, a pesar de que se extrañaron, Conejito Chiquitito no está listo para recibir los abrazos y el amor de Conejo Grande. Conejito Chiquitito necesita que Conejo Grande entienda cómo se sintió cuando estuvieron separados. "A veces me siento muy enojado. Yo no entiendo por qué no estabas conmigo", dice Conejito Chiquitito. "Me preocupa que te vuelvas a ir". Conejo Grande escucha cuidadosamente y ayuda a Conejito Chiquitito a sentirse amado y entendido. Este cuento fue diseñado para ayudar a padres y niños a hablar acerca de separaciones difíciles, para ayudarles a reconectarse y a encontrar su camino para estar juntos de nuevo.

Un agradecimiento especial a nuestros colegas del Programa de Investigación del Trauma Infantil (CTRP, por sus siglas en inglés) y de la Red Nacional para el Estrés Traumático Infantil (NCTSN, por sus siglas en inglés) por su apoyo y retroalimentación. También agradecemos a Stephanie Kaufman por su apoyo editorial.

Este libro está dedicado para aquellas familias
que han sufrido separaciones difíciles.
Esperamos que este libro les ayude a hablar
sobre sus experiencias, a reparar y a
tener una relación más cercana.

Conejito Chiquitito respiró profundamente y dijo: "Cuando no estuviste conmigo te extrañé mucho".

Conejo Grande respondió con una voz llena de amor: "Yo también te extrañé. Todos los días pensé en ti".

"Yo quería que me abrazaras",
dijo Conejito Chiquitito.

"Yo quería abrazarte y nunca dejarte ir", dijo Conejo Grande".

"Pero tú no estabas", dijo Conejito Chiquitito en voz baja.

Conejo Grande respiró profundamente y respondió: "Siento mucho el no haber estado contigo. Ahora estamos juntos".

Conejito Chiquitito pensó un rato y finalmente dijo . . .

"Sí, pero . . ."

"A veces me siento muy enojado. No entiendo porque no estabas conmigo".

"Me preocupa que te vuelvas a ir".

"Me duele la panza".

"Yo no puedo confiar en ti. Tengo miedo".

"Cuando me siento mal, te necesito, pero también me enojo y te rechazo.

No sé qué hacer".

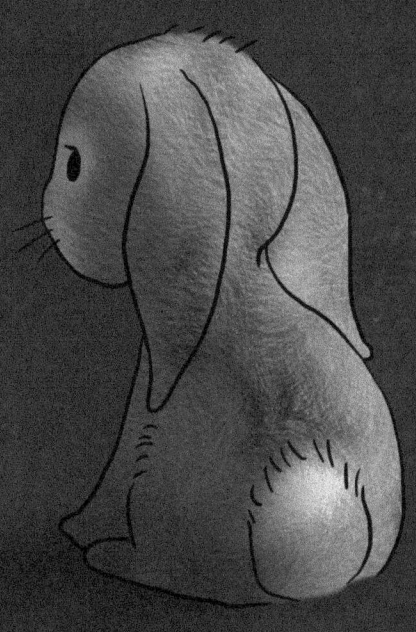

Conejo Grande escuchó cuidadosamente y luego dijo: "Siento mucho no haber estado contigo y estoy muy triste por lo que pasó. Yo no estaba contigo y tú no entendías por qué".

"Me imagino que te sentías...
Confundido

Asustado

Dolido   Triste

Enojado

Es posible que te sintieras muy solo".

"Sí, es verdad", afirmó Conejito Chiquitito. "Me sentí muy...

Solo

Confundido

Dolido

Triste

"No sabía en dónde estabas".

Asustado

Enojado

"¿En dónde estabas?", preguntó Conejito Chiquitito.

Conejo Grande recordó y compartió lo que estaba en su corazón. "Yo no estaba contigo, pero todo el tiempo estuve pensando en ti.

Estaba esperando, planeando, soñando y trabajando para poder estar contigo porque eres muy importante para mí y te quiero mucho".

"Tomó mucho tiempo", dijo Conejito Chiquito en voz baja.

"Demasiado tiempo", respondió Conejo Grande.

"Yo no sé cómo fue para ti cuando no estuve contigo", dijo Conejo Grande. "Pero quiero saber.

Yo quiero saber lo que hiciste.

Quiero saber si hubo personas buenas que te ayudaron.

Quiero saber si pasaron cosas malas o cosas que te asustaron.

Quiero darte todos los abrazos y besos que no pude darte antes".

"No estuve contigo",
dijo Conejo Grande,
"Pero ahora estoy aquí".

Conejito Chiquitito y Conejo Grande
se acercaron, se miraron
a los ojos y dijeron:
"Ahora estamos juntos
después de tanto tiempo".

Chandra combina su amor por los cuentos y las criaturas lindas con su formación en psicología clínica. Ella es coautora de más de 20 publicaciones sobre temas de trauma y diversidad y tiene más de 10 años de experiencia conduciendo entrenamientos a nivel nacional e internacional. En su papel como terapeuta, supervisora, y Directora de Diseminación e Implementación de la Psicoterapia de Niños y Padres, trabaja para apoyar a las familias que han sido impactadas por separaciones traumáticas. Ella espera que este libro y los conejos ayuden a las familias a hablar de separaciones difíciles y a reconectarse.

De niño, Erich siempre estuvo interesado en dibujos animados y en el diseño de personajes. En su carrera profesional ha creado efectos visuales para muchas películas incluyendo Rango, Harry Potter, The Avengers, Star Wars, y muchas otras. También es cantante, compositor, productor musical y miembro fundador de la banda local District 8 de San Francisco.

Para más información sobre el impacto de los eventos estresantes y traumáticos en los niños y sobre cómo los adultos pueden ayudar, dirigirse a la página web: nctsn.org

Para más información sobre el cuento y recursos adicionales, dirigirse a la página web: piploproductions.com

CPSIA information can be obtained
at www.ICGtesting.com
Printed in the USA
JSHW012138120221
11882JS00002B/5